I0197476

LA VÉRITÉ

Sur les faits relatifs à l'assassinat des quatre déserteurs de l'Armée prussienne, enrôlés à Rethel pour le service de la République.

A PARIS,
DE L'IMPRIMERIE NATIONALE.
1792.

NOTA.

Ces pièces devoient être lues à la tribune, et communiquées de vive voix à la Convention; mais des considérations particulières ont déterminé à les rendre publiques par la voie de l'impression.

LA VÉRITÉ

Sur les faits relatifs à l'assassinat des quatre déserteurs de l'Armée prussienne, enrôlés à Rethel pour le service de la République.

―――――――

CITOYENS,

C'est avec un sentiment douloureux, mais c'est pour l'acquit de ma conscience, c'est pour venger la vérité que je viens à cette tribune ramener un moment votre attention sur un fait dont le récit vous a tous pénétrés d'une indignation aussi juste que profonde, & dont l'opinion publique elle-même, toujours saine, toujours éclairée lorsqu'on ne l'égare pas, a déjà fait justice depuis long-temps.

Personne de vous n'ignore, vous avez tous eu connoissance de l'horrible assassinat commis à Rethel, sur les personnes de quatre déserteurs de l'armée prussienne, nouvellement engagés au service de la République ; vous avez vu avec satisfaction l'un de vos généraux déployer dans cette circonstance contre les infâmes auteurs de ce délit, la noble & généreuse sévérité d'une ame républicaine, soulevée par le spectacle de l'injustice & de la violation du Droit de l'homme.

Vous avez vu aussi, d'un autre côté, avec scandale, l'un de vos collègues, un homme revêtu comme vous du caractère de représentant du peuple, se déclarer hautement l'apologiste de ce lâche forfait, & s'avilir jusqu'à demander publiquement des couronnes civiques pour ces monstres dégoutans de sang humain, que la patrie rougissoit de compter parmi ses défenseurs, que l'opinion immoloit à la haine des hommes libres, & que la justice des volontaires du bataillon de la République livroit elle-même à la vengeance des lois.

Eh bien ! Citoyens, c'est comme député du département des Ardennes ; c'est comme habitant de la ville de Rethel, que je viens ici, au nom de mes concitoyens, démentir toutes les impostures qui vous ont été présentées comme des faits positifs, vous apporter les procès-verbaux, les pièces de conviction où se trouvent consignées toutes les preuves de ce tragique évènement ; c'est comme leur fondé de pouvoir que je viens vous dénoncer un nouvel attentat, un nouveau crime par lequel on essaye aujourd'hui de vous en dérober la trace, d'empêcher ces preuves de pénétrer jusqu'à vous, & de substituer le voile du mensonge au flambeau de la vérité.

L'examen des pièces authentiques que je dépose sur le bureau, en déjouant cette trame ténébreuse, ourdie par quelques mains obscures, & en produisant au grand jour ces faits environnés jusqu'ici des ombres du mystère, ces faits qu'on a pris à tâche de défigurer aux yeux de la Convention, suffira pour dissiper complettement les injustes soupçons élevés par la malveillance sur la conduite du général Chazot, pour faire sortir la justification de ses principes, & de ses procédés, du labyrinthe calomnieux creusé autour de sa réputation, & repousser sur la tête de ses détracteurs le poids de l'animadversion publique qu'ils se sont efforcés de faire tomber sur la sienne.

Le témoignage irrécusable de ces titres, émanés d'un corps constitué, rédigés par le corps municipal de Rethel, & certifiés par l'administration du district, en fixant invariablement vos idées sur les évenemens qui ont précédé, suivi & accompagné cet abominable délit, jetteront une lumière effrayante sur la conduite criminelle des assassins qui vous ont été dénoncés, sur les moyens, plus criminels encore, employés pour les soustraire à la justice nationale; & nécessiteront sans doute, de votre part, des mesures sévères & réprimantes contre ces hommes indignes du nom Français, qui, en formant le projet d'en arrêter le cours, ont conspiré contre les lois, & qui, en travaillant à assurer l'impunité du crime, en sont devenus les complices.

MENNESSON.

Lettre des Administrateurs du district de Rethel.

Rethel, le 12 novembre 1792, l'an premier de la République.

Cher Concitoyen,

Nous vous envoyons toutes les pièces relatives au massacre abominable qui a eu lieu à Rethel; nous ne concevons pas comment on peut défigurer des faits passés publiquement, en présence d'une partie de la ville & d'une partie de l'armée. Nous ne pouvons rien dire personnellement de cette scène d'horreur, nous n'y avons pas été présens.

Ceux qui ont été massacrés étoient-ils des hommes? la loi ordonnoit-elle aux assassins de les tuer? quelle qu'ait été la condition des quatre jeunes gens, n'étoient-ils pas sous la sauve-garde de la loi? & lorsque le général a offert de les faire juger suivant cette loi, pouvoit-il faire plus? Ces offres ont été faites, elles auroient désintéressé tout autre que des cannibales.

On nous a avertis que quatre commissaires de la section de Bonconseil sont restés trois ou quatre jours dans Rethel & dans les environs; qu'ils ont furté de tout côté pour avoir des témoins. Ils s'en sont procurés, à ce qu'on assure, dans une certaine classe d'individus dont plusieurs étoient même violemment soupçonnés d'avoir été d'accord avec les assassins; est-ce qu'une affaire aussi importante que celle-là, ne mérite point une instruction légale, soit au conseil de guerre, soit au tribunal criminel? Si ces déclarations de témoins choisis, faites & reçues dans le secret par des gens sans caractère, pouvoient valoir des procès-verbaux d'un corps constitué, tel que la municipalité de Rethel, en ce cas il n'y auroit plus de règle, les crimes les plus affreux demeureroient impunis.

Nous vous prions de lire attentivement les pièces que nous vous adressons, & de bien remarquer la conduite du citoyen général Chazot; la condescendance qu'il a eue pour ces forcenés, par les offres qu'il leur a faites, de les faire juger.

Nous sommes vos Concitoyens & amis,

Les Administrateurs du district de Rethel. Anceaux; Miroy, Wuillemer, *procureur-syndic* ; Wattellier, Panier.

Extrait du registre des délibérations de la municipalité de Rethel.

Cejourd'hui, vingt-neuf octobre, l'an premier de la République;

Nous commissaires nommés par délibération de la municipalité, prise le vingt-sept de ce mois, à l'effet d'entendre les citoyens qui pourroient fournir des renseignemens par rapport au massacre fait à Rethel le cinq aussi de ce mois, avons entendu leurs déclarations, dont il résulte ce qui suit :

Différens volontaires de l'armée du général Chazot, dans la soirée du 4, jour de leur arrivée, avoient fait des menaces contre des membres du district, de la municipalité, & contre plusieurs autres personnes, sous le prétexte d'une prétendue aristocratie.

Vers les deux heures après minuit, l'aubergiste de

la Tête-d'Or vient au corps-de-garde de la maison commune, se plaindre que des volontaires faisoient tapage chez lui, fracassoient les meubles, vouloient avoir du vin malgré lui, & réclame le secours de la garde pour les faire sortir.

Palloy se trouve là. Il ne veut que deux fusilliers pour l'accompagner, assure qu'ils sont suffisans, parce qu'il est sûr de son monde ; savoir, les volontaires en question.

Arrivé chez l'aubergiste, il renvoye d'abord la garde, puis il parvient à faire retirer les volontaires, à l'exception d'un, qui est resté dans la cour.

Palloy est rentré un instant après, avec ses mêmes volontaires, pour reprendre leur camarade.

Un des quatre déserteurs en question, qui étoit logé dans l'auberge, avec deux autres, revient alors, & se place auprès du feu.

Palloy l'interroge ; il lui répond qu'il est Français, a servi dans un régiment de chasseurs, s'est laissé aller aux sollicitations de son capitaine ; que revenu bientôt de son erreur, il a saisi la première occasion, & a profité du désordre de la retraite de Vouzieres pour s'échapper, rentrer au service de sa patrie ; qu'il est bon citoyen & engagé pour la République dans le dixième régiment de dragons.

D'après cette déclaration, Palloy lui dit qu'il est un traître, un gueux, & qu'il a fait une bonne prise.

A l'instant, quelques-uns des volontaires crient qu'il faut lui couper la tête. L'aubergiste, sa femme & ses domestiques, conjurent de n'en rien faire ; on les maltraite. Enfin Palloy se rend aux observations qu'on lui fait : il décide que le déserteur sera conduit au corps-de-garde de son bataillon, pour être présenté dès ce jour au général Chazot

Il y est conduit d'après ses ordres & en sa présence.

Et fur la délaration qu'il fait, qu'il n'eſt pas ſeul, & qu'il y en a encore trois autres, Palloy & les volontaires reviennent à l'auberge avec lui, faire des perquiſitions militaires. Ils en trouvent deux.

Voyant qu'ils ne trouvent pas le quatrième, quelques volontaires briſent différens effets. Les menaces ſe renouvellent contre le diſtrict, la municipalité, l'aubergiſte, ſa femme & ſes domeſtiques. On leur reproche de récéler des émigrés, des ennemis de la patrie; on ſe plaint du refus fait précédemment par l'aubergiſte, de donner à boire aux patriotes, tandis qu'il ne refuſoit rien aux émigrés & aux ariſtocrates. Trois fois l'aubergiſte faillit être tué de coups de ſabre. Les volontaires perſiſtent à dire qu'il leur faut le quatrième. Enfin, pour ſauver ſes jours, il leur dit qu'il le croit logé chez Alberteau, charon, ſon parent.

Auſſitôt ils le contraignent de les y conduire. Trois y vont avec lui; le ſabre en main eſt levé ſur lui : ils y trouvent ce quatrième, l'arrachent de ſon lit & l'emmènent ſur la place devant l'auberge, & le lient avec les trois autres que Palloy & ſes camarades gardoient là en l'attendant.

D'après de nouvelles obſervations faites à Palloy, il donne parole qu'ils ſeront en ſûreté à ſon corps-de-garde, où il les fait conduire, & qu'il en fera le rapport au général.

Il étoit alors environ quatre heures du matin.

Néanmoins, en les conduiſant au corps-de-garde, on les maltraite à coups de poing & de plat de ſabre. Palloy dit qu'il étoit parti de Paris avec ſes apôtres, pour couper la tête à tous les émigrés. Ses volontaires s'écrièrent : oui, oui; ils voulurent alors couper la tête des quatre déſerteurs ; mais il les en empêcha, en leur diſant que cela devoit ſe faire à la tête des quatre bataillons.

J'ai promis, dit-il aux quatre déserteurs, d'envoyer quatre têtes d'émigrés à Paris, j'y enverrai les quatre vôtres cachetées, dans des boîtes de plomb, avec de l'eau-de-vie.

Enfin ils arrivent au corps-de-garde, où on les maltraite de nouveau ; on leur coupe les cheveux avec un fabre.

Un des déserteurs remontre qu'ils ne font pas ce que l'on croit ; qu'on peut s'en affurer au diftrict. Tais-toi, lui répondent les volontaires, ton j... f...., de diftrict ne vaut pas mieux que toi ; après, fon tour viendra.

A quelque temps de là, l'adjudant du général fe rendit au corps-de-garde. Il en fortit avec les volontaires, qui traînèrent les quatre déserteurs chez le général.

Celui-ci fit battre la générale. Il fe préfenta à ceux qui amenoient ces quatre déserteurs ; leur fit de vives reproches de ce qu'ils avoient défobéi à l'ordre qu'il leur avoit fait donner par l'adjudant, de conduire les quatre déserteurs en prifon ; il leur réitéra cet ordre, & les menaça de s'en plaindre, dans le jour, à la Convention nationale & au général Dumouriez, s'ils n'obéiffoient. Cela fut inutile.

Alors il leur propofa de les conduire, à la tête de l'armée, à Mézières, pour y être jugés par le confeil de guerre : mais les volontaires répondirent qu'il falloit les juger fur-le-champ ; finon que leur jugement étoit au bout de leurs fabres, & qu'ils auroient la tête de ces quatre défer,eurs ou la fienne.

Un peu après, Palloy fe jette au milieu des volontaires, leur dit qu'il faut obéir aux ordres du général ; qu'il faut conduire ces quatre hommes à la tête de l'armée. Il n'eft pas écouté non plus. Il difparoît.

Le général venoit de fortir. Les volontaires forcent

la garde, malgré la préfence de deux officiers municipaux revêtus de leur écharpe, & arrachent de la maifon où ils logeoient, les quatre déferteurs; les conduifent, en criant & avec tumulte, fur la place, où ils les maffacrent.

Le maffacre fini, ils forment un rond, & danfent autour des cadavres, en criant: voilà comme il faut traiter les ariftocrates.

Pour extrait conforme au regiftre délivré par moi Secrétaire, fouffigné. MONNOT, jeune.

Extrait du Regiftre des Délibérations de la Municipalité de Rethel.

Ce jourd'hui, cinq octobre mil fept cent quatre-vingt douze, l'an premier de la République;

La municipalité inftruite que quatre foldats de la légion des Impériaux Ruffes, qui avoient été amenés au diftrict le 3 du courant, comme déferteurs de l'armée ennemie, & dont trois s'étoient engagés le même jour au fervice de la République, dans le 10e. régiment de dragons, avoient été faifis dans la nuit par Palloy, commandant d'un bataillon, & par quelques volontaires de l'armée du général Chazot, qui logeoient ce jour à Rethel, conduits par eux, d'après les ordres & en préfence de Palloy, a un de leur corps-de-garde, où ils ont paffé le refte de la nuit;

Inftruite que le général avoit été averti de l'arreftation de ces 4 déferteurs, avoit de fuite fait battre la générale, & donné des ordres à fon aide-de-camp pour les faire conduire en prifon, & les fouftraire à la fureur de ces volontaires : mais que ces ordres n'avoient pu être exécutés ; que les volontaires les avoient transférés au domicile du général, à qui ils demandoient la tête de ces quatre hommes, qu'il y avoit un aflez grand nombre de volontaires attroupés ; que le citoyen Chazot, parlant avec fermeté au nom de la loi, n'étoit pas refpecté, que même on entendoit des menaces contre lui dans le cas où il parviendroit à fauver ces quatre hommes de la fureur de ces volontaires.

Une partie de la municipalité, au milieu des embarras que lui occafionnoit la diftribution de la viande & du pain à l'armée, attendu qu'il n'y avoit point de commiffaires des guerres, & qu'elle n'avoit pas été prevenue de l'arrivée de cette colonne, s'eft tranfportée au lieu de l'attroupement, groffi alors de plufieurs hommes, femmes & enfans, tart de la ville que de la campagne, où elle réunit fes efforts à ceux du général pour le diffiper : elle crut y parvenir en inftruifant tous les volontaires préfens, du detail de la défertion de ces quatres hommes, qui s'étoient rendus à un commandant de garde nationale d'un village voifin de Rethel, qui, en les amenant en cette ville, avoit attefté le fait aux membres du diftrict, & enfin, en invitant ces volontaires de fe rendre aux derniers ordres du général, qui demandoit que ces quatre hommes fuffent conduits au confeil de guerre à Mézières, pour y être jugés felon la loi. Pour toute réponfe, on n'entendit que ces cris de fureur : notre jugement eft au bout de notre fabre ; à l'inftant la garde eft forcée par des volontaires, ces quatre malheureux font arrachés de la maifon où ils étoient détenus, traînés fur la place de la maifon commune, & maffacrés.

Le général Chazot faifoit alors battre le rappel; il parloit lui-même, parce que le maire venoit de lui faire paffer l'avis qu'il recevoit à l'inftant de la Municipalité de Sauces-aux Bois, que l'ennemi fe montroit à deux lieues de la ville, fur le chemin qu'il avoit à faire, & déjà le 38ᵉ. régiment d'infanterie, qui étoit de fa brigade, avoit pris le devant : cet avis avoit même été lu à haute voix dans la rue, au milieu de l'attroupement des volontaires, par le général, & par le citoyen chez lequel il étoit logé, mais fans fuccès, & ces forcenés ne voulurent joindre leur drapeau qu'après avoir affouvi leur fureur. Dont & de quoi nous avons dreffé le préfent procès-verbal, pour fervir & valoir ce que de raifon. *Signés*, Juftmart, Laudragin, jeune, *maire*; Bigot, Brulé, Decleves, Demeaux, *procureur de la commune*, Claye-Vidic, Miroy-Deftournelles, Boucher, Leroy, jeune, Potier.

Pour copie conforme. MONNOT, jeune.

EXTRAIT du regiftre des engagemens de la municipalité de Rethel.

Je fouffigné, René Devaux, natif de Maubeuge, fils de Jofeph Devaux & Marie-Jofeph Moreffie, fes père & mère, âgé de dix-neuf ans, taille de 5 pieds 7 pouces, cheveux & fourcils châtains, yeux bleus, nez saillant, bouche moyenne, menton long & fourchu, front bas, visage ovale & peu marqué de petite vérole, déclare m'être engagé de ma bonne volonté, & sans y avoir été contraint, pour servir dans le dixième régiment de dragons, ci-devant Meftre-de-Camp, actuellement en garnison à Rocroy, le tout aux termes de la loi.

Fait à Rethel, le 3 octobre 1792; & a signé au bas. R. Devaux.

Je soussigné, Jeau-Baptiste Dusellier, natif de Fért-à-Tardenois, fils de Jean-Baptiste Duseillier & de Laurent Stevenot, ses père & mère, âgé de 21 ans, taille de 5 pieds 4 pouces, cheveux & sourcils châtains, yeux oranges, nez aquilain, menton large & fourchu, front bas, visage large, déclare m'être engagé de ma bonne volonté, & sans y avoir été contraint, pour servir dans le 10e. régiment de dragons, actuellement en garnison à Rocroy, le tout aux termes de la loi.

Fait à Rethel, le 3 octobre 1792, & a signé au bas. Dusellier.

Je soussigné Jacques Cottier, natif de Mauré, fils de feu Jean Cottier, & Denise Arniot, ses père & mère, âgé de 26 ans, taille de 5 pieds 5 pouces, cheveux & sourcils chatains, yeux oranges, nez assez bien fait, bouche petite, menton court & fourchu, front bas, visage court, &c.; déclare m'être engagé de ma bonne volonté, & sans y avoir été contraint, pour servir dans le 10e. régiment de dragons, ci-devant Meſtre-de-Camp, en garniſon à Rocroy, le tout aux termes de la loi.

Fait à Rethel, le 3 octobre 1792, & a déclaré ne ſavoir ſigner, & fait une croix en préſence des ſieurs Vattellier & Anceaux, fils, qui ont ſigné au bas du préſent engagement.

Pour extrait conforme au regiſtre.

MONNOT, jeune.

DE L'IMPRIMERIE NATIONALE.

www.ingramcontent.com/pod-product-compliance
Lightning Source LLC
Chambersburg PA
CBHW061622040426
42450CB00010B/2621